AF225422

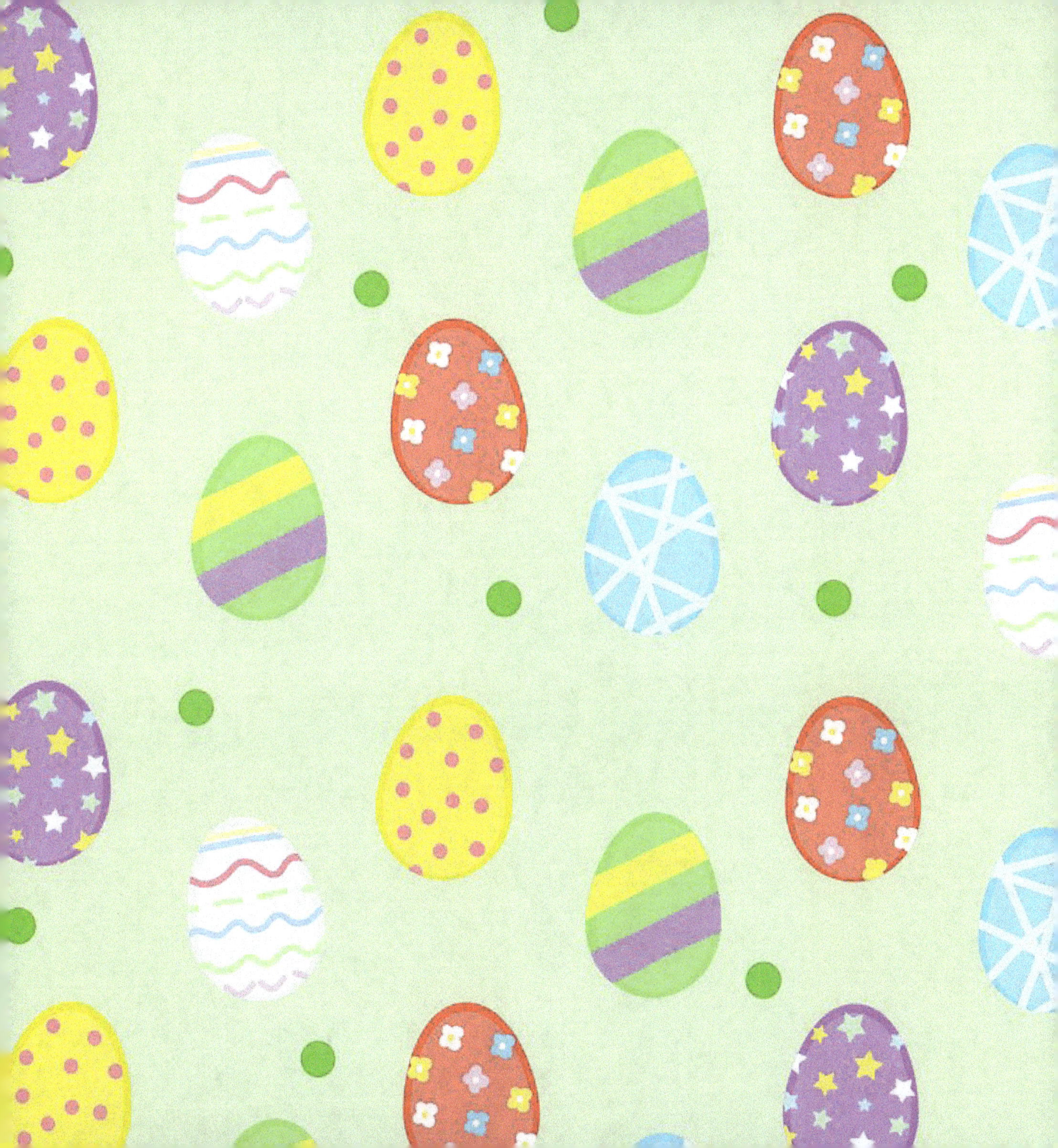

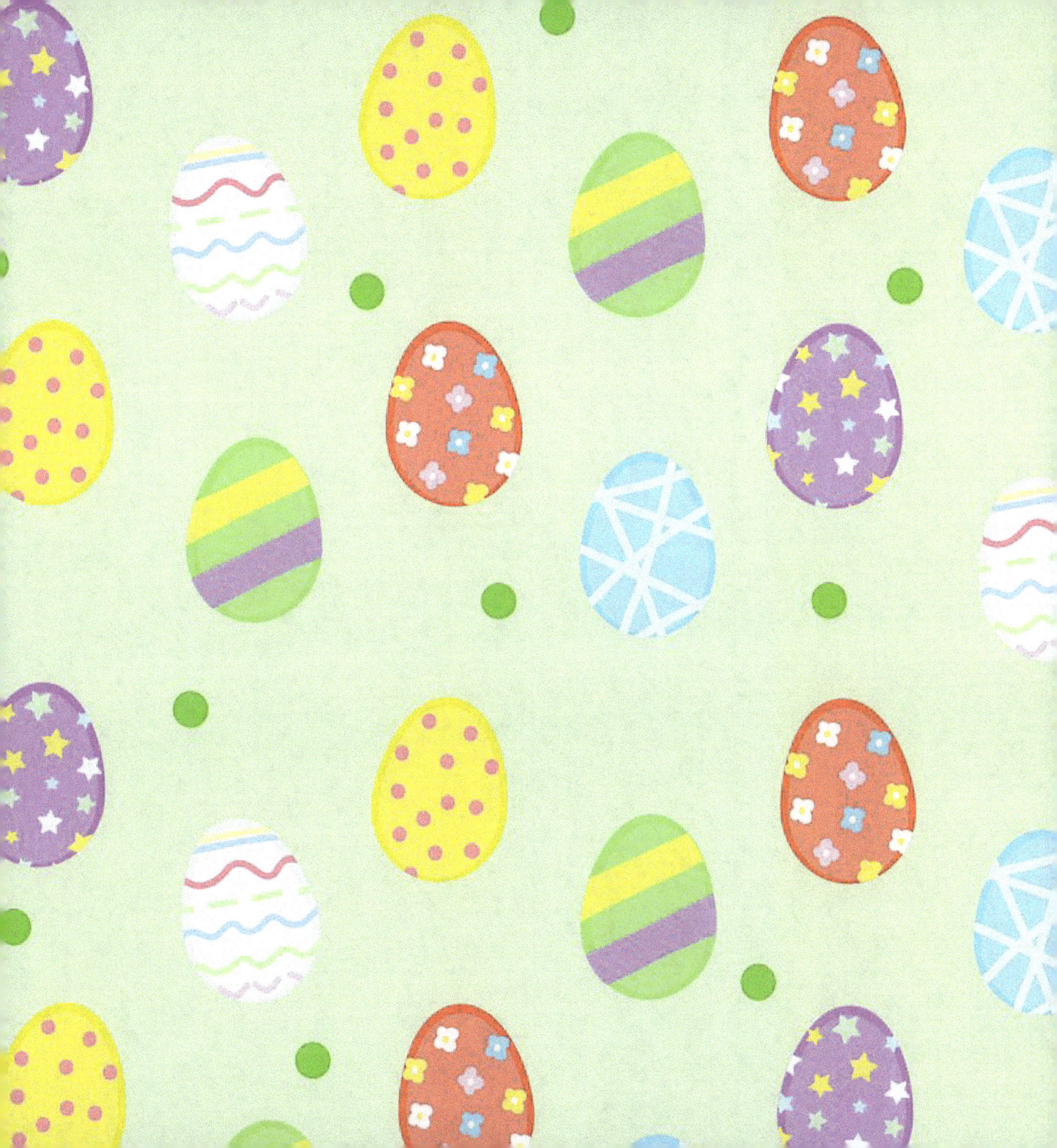

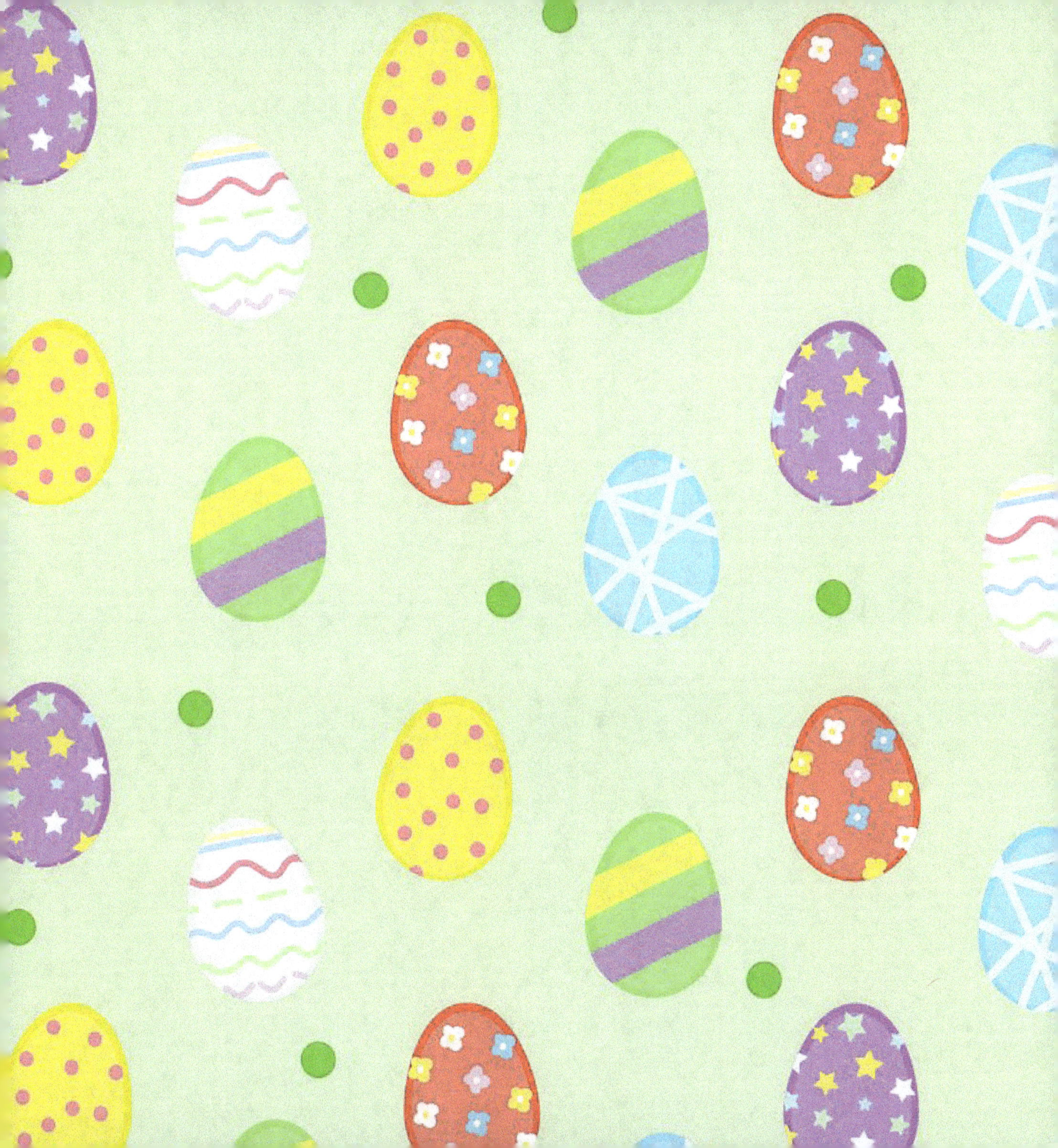

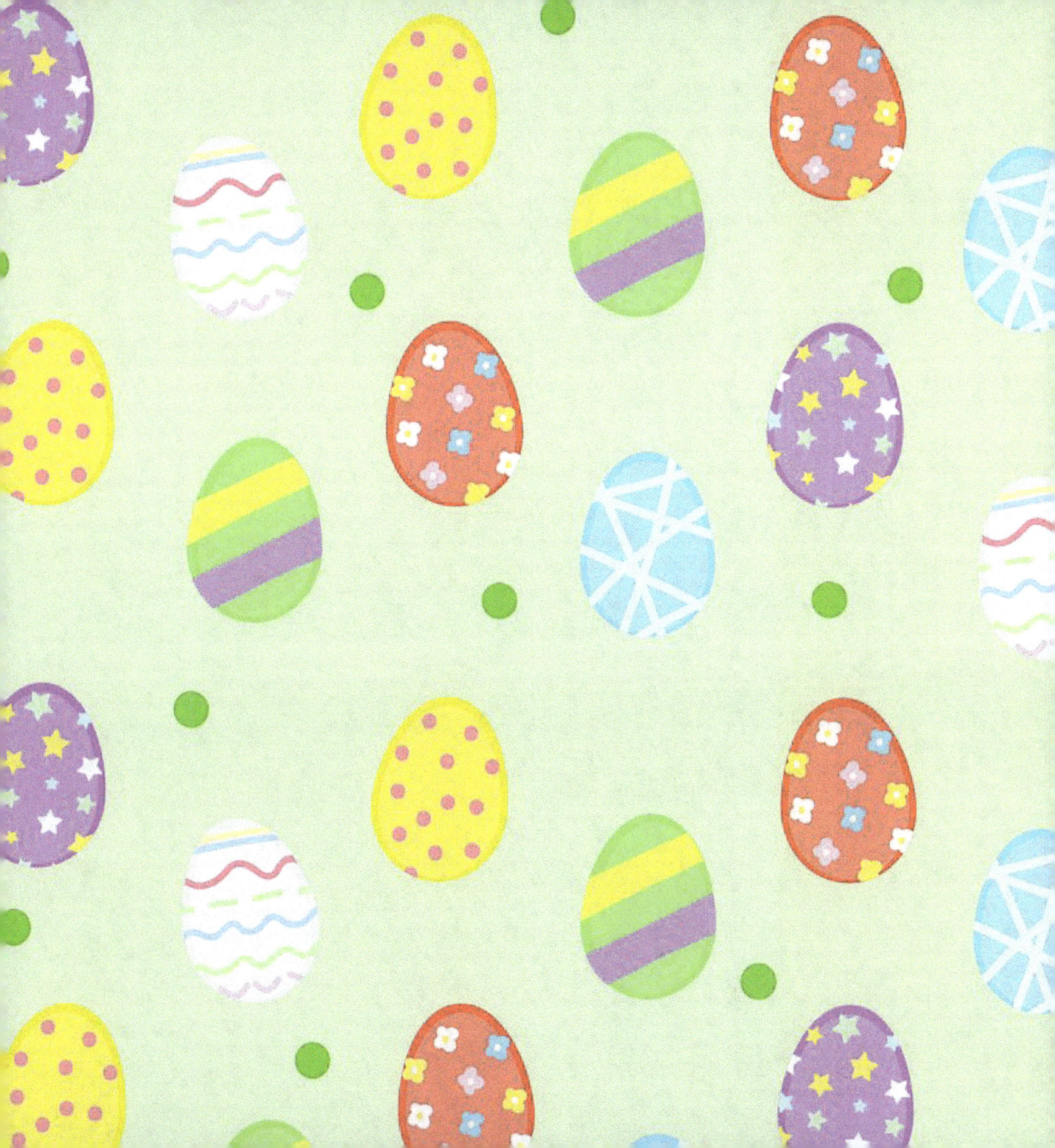

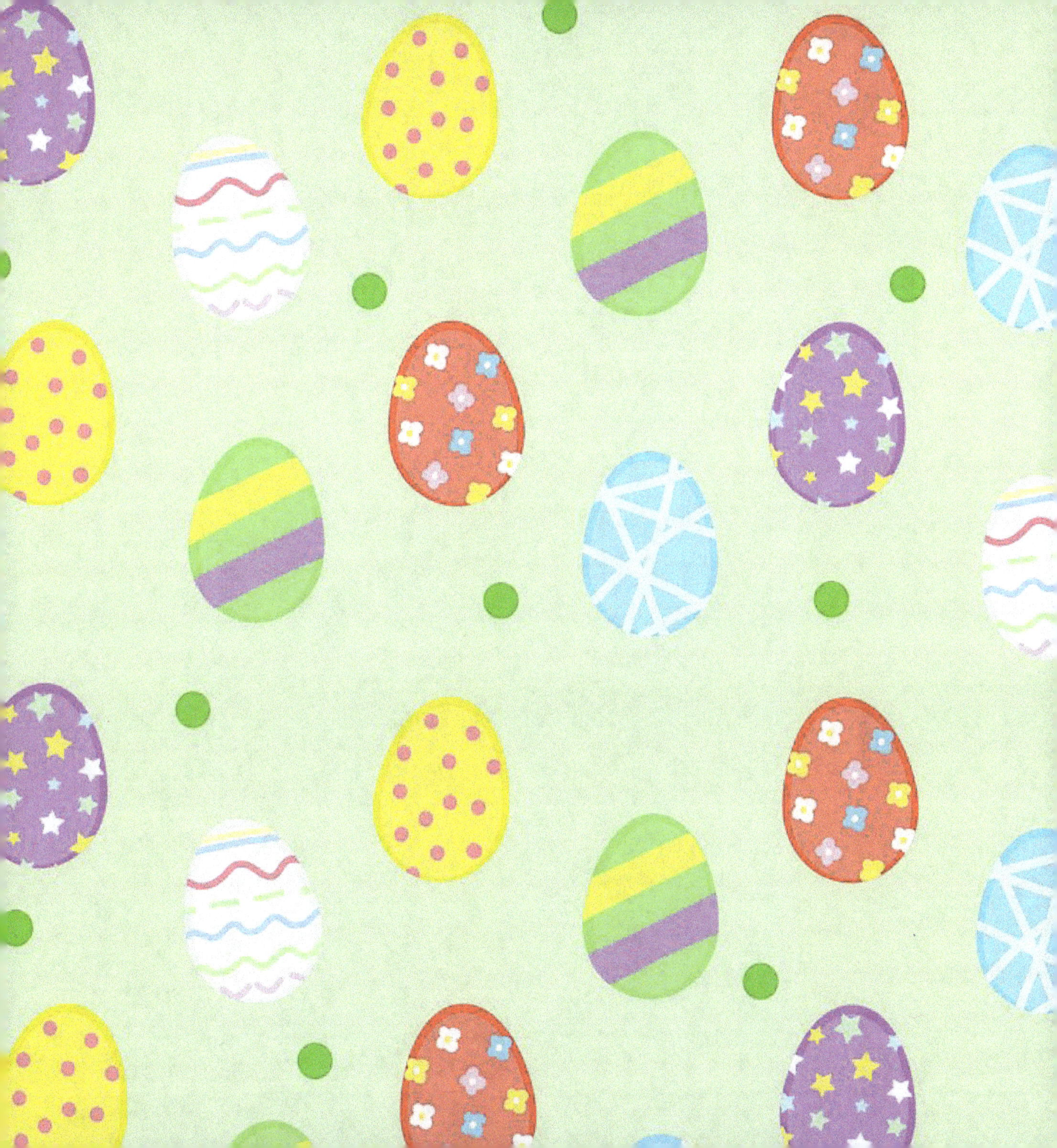

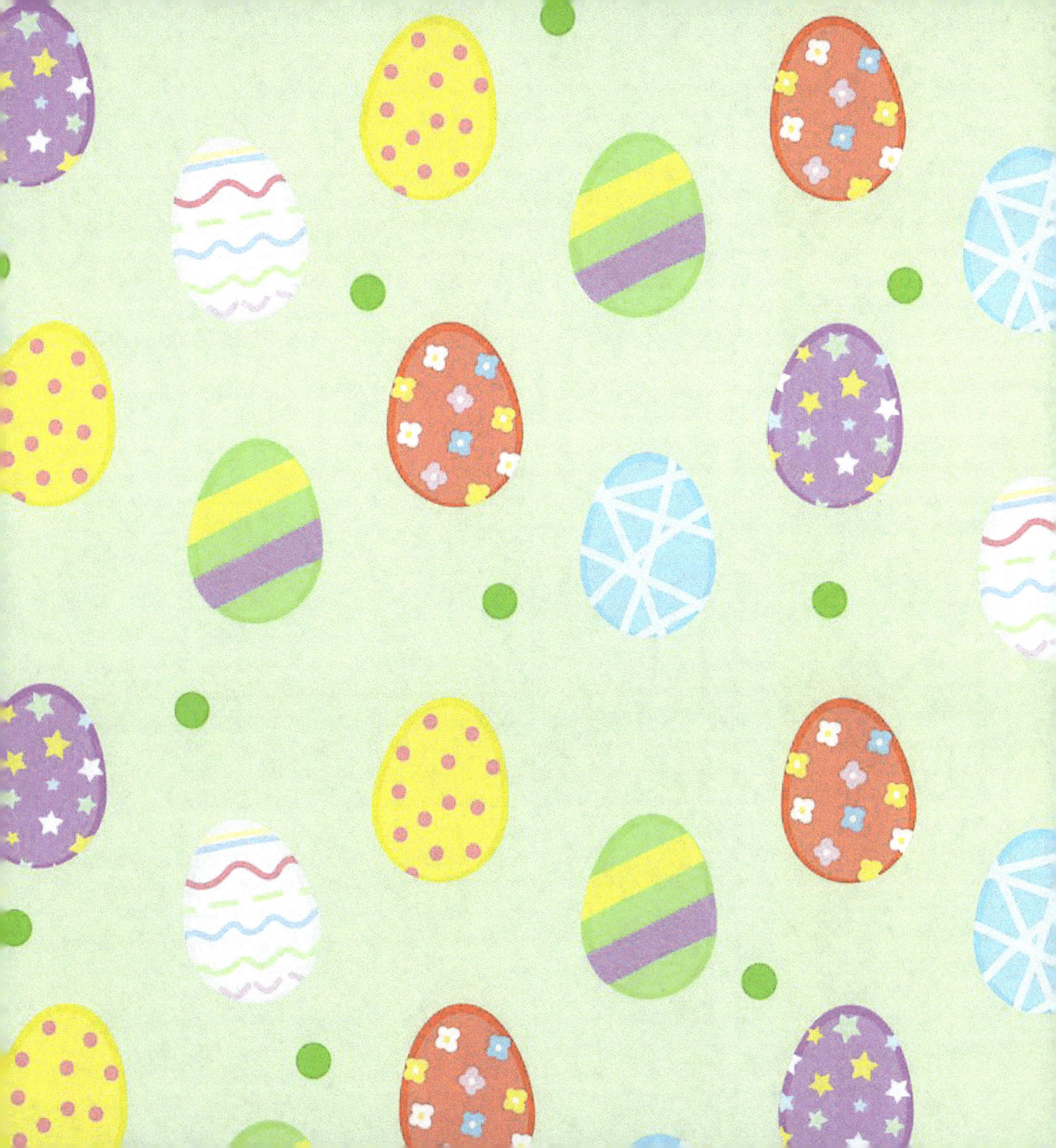

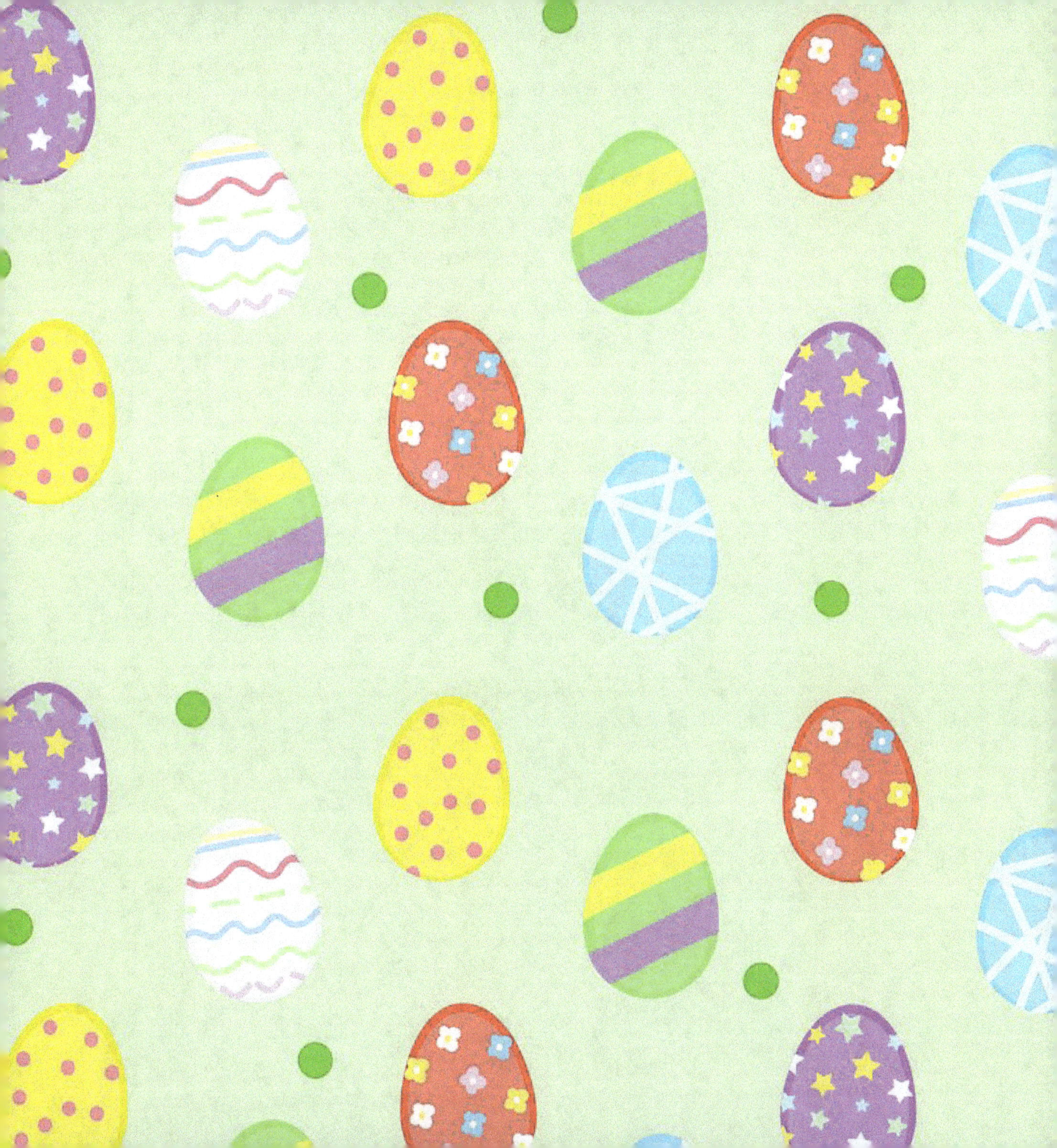

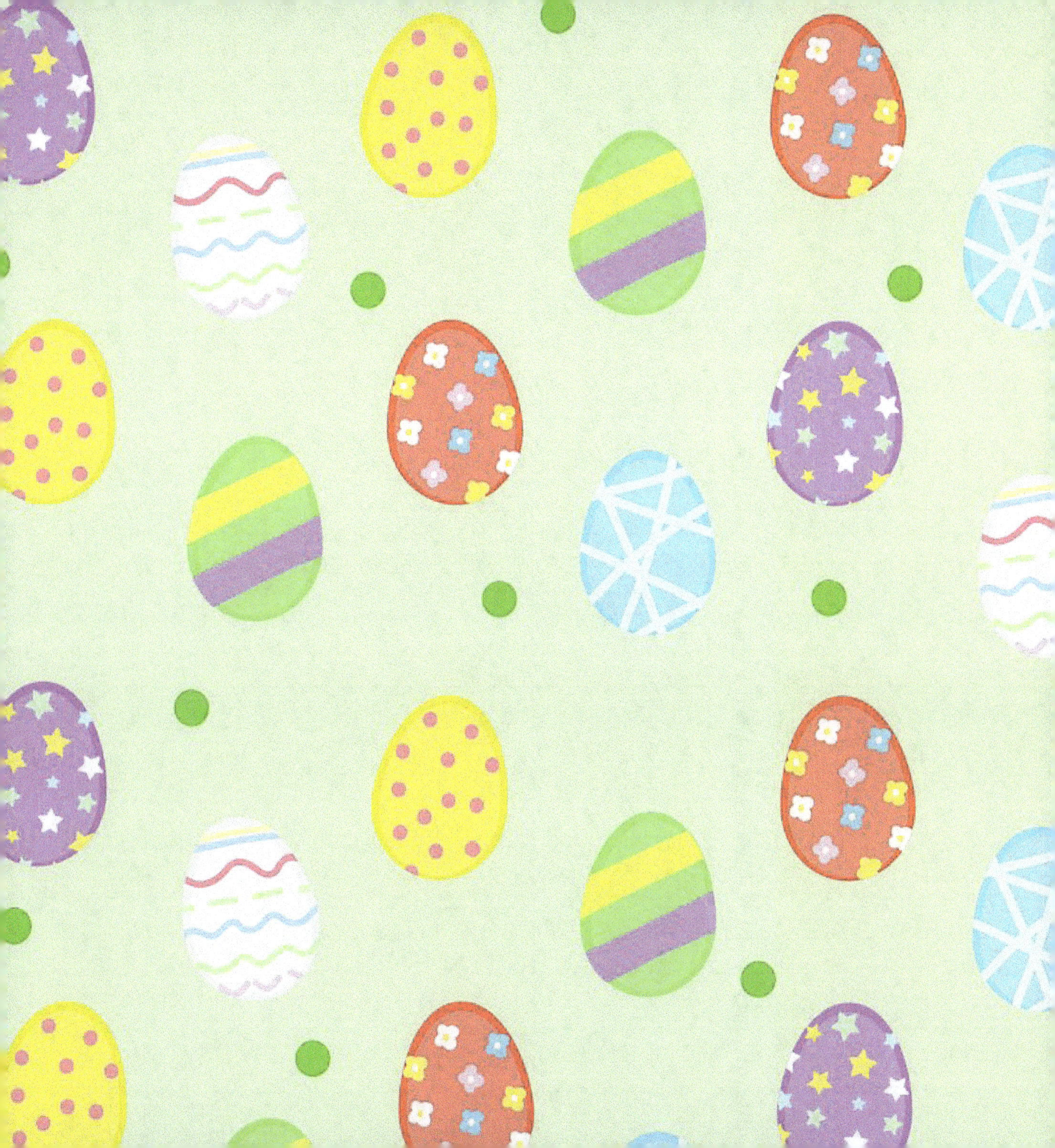

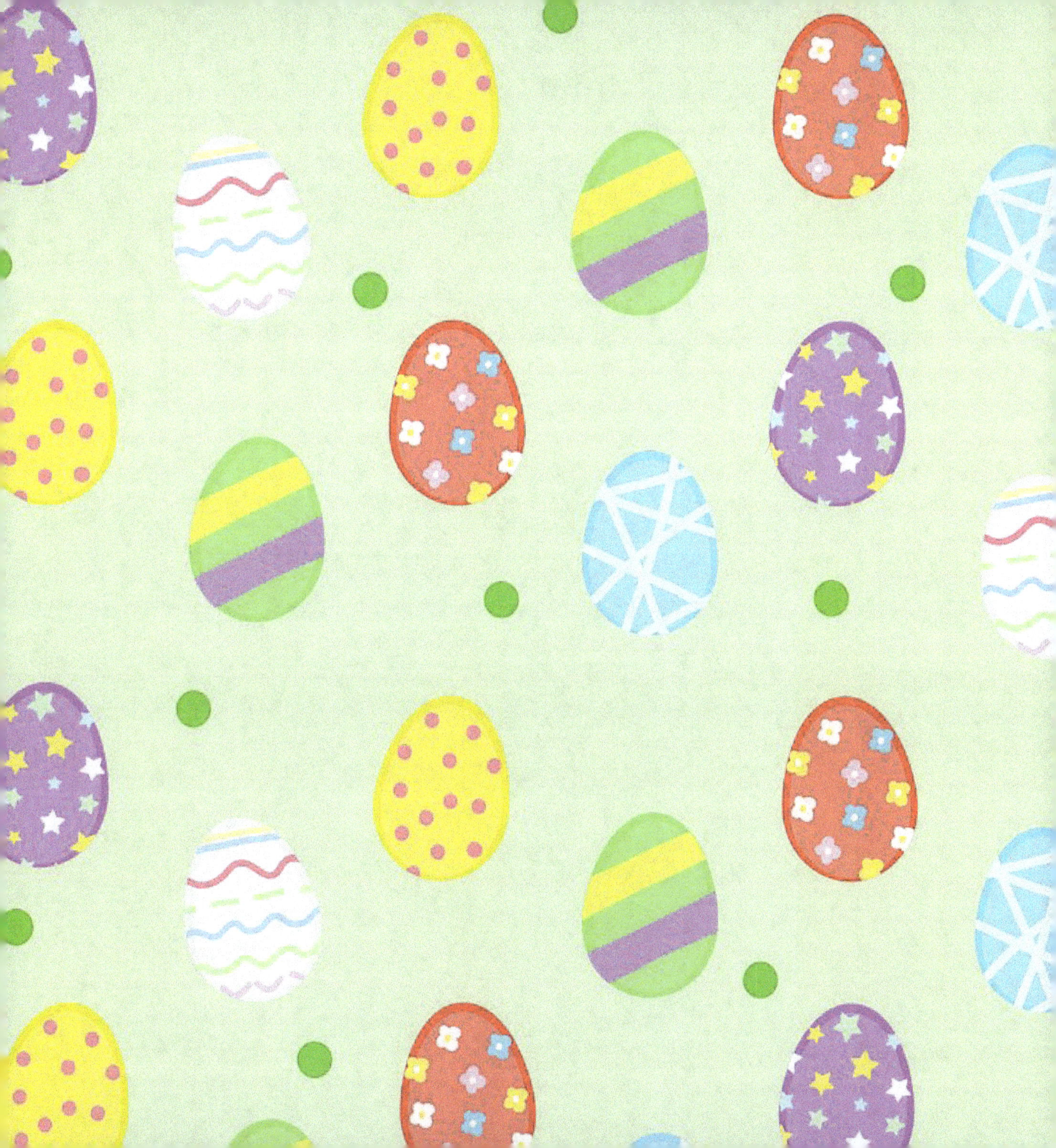

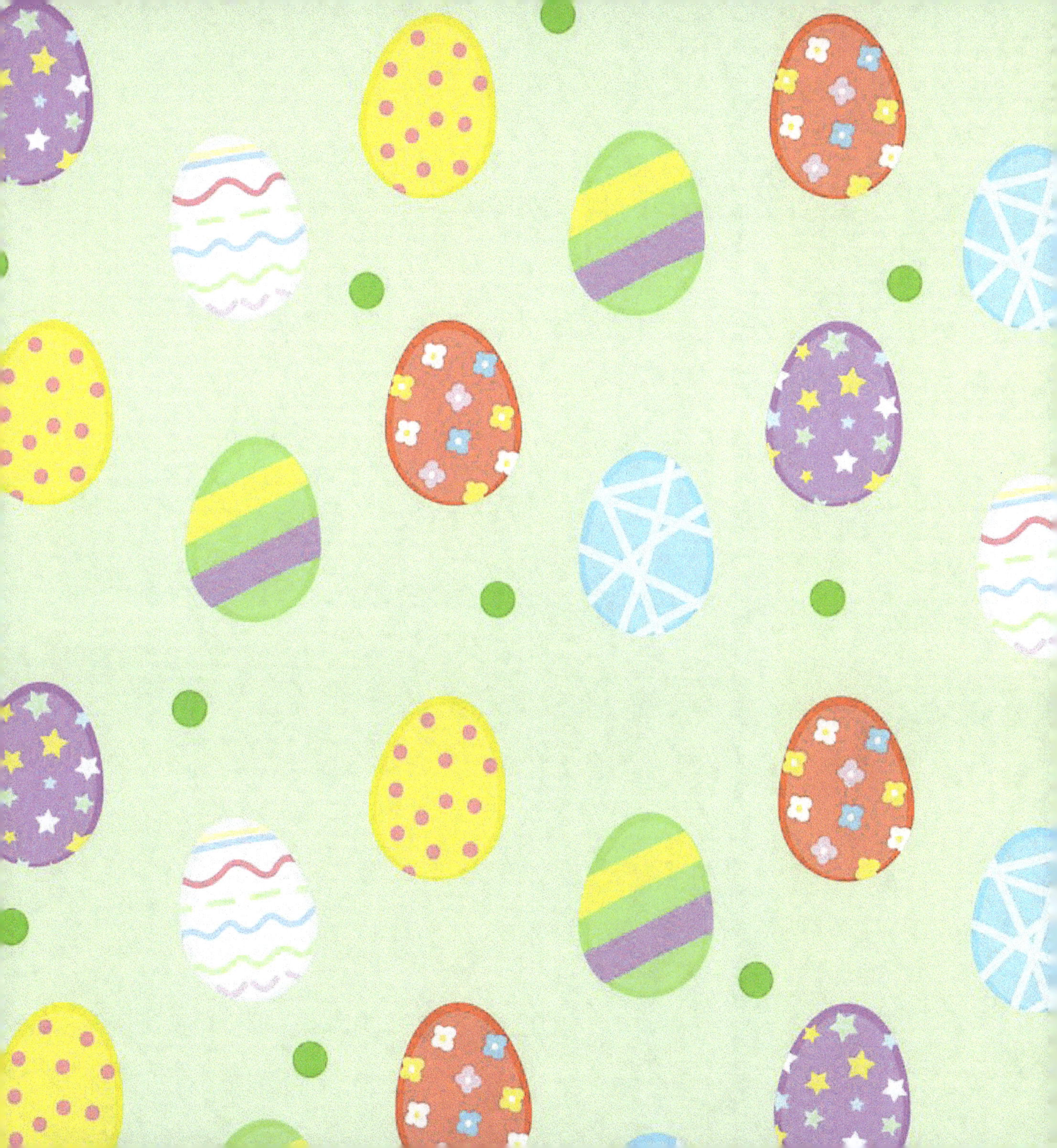

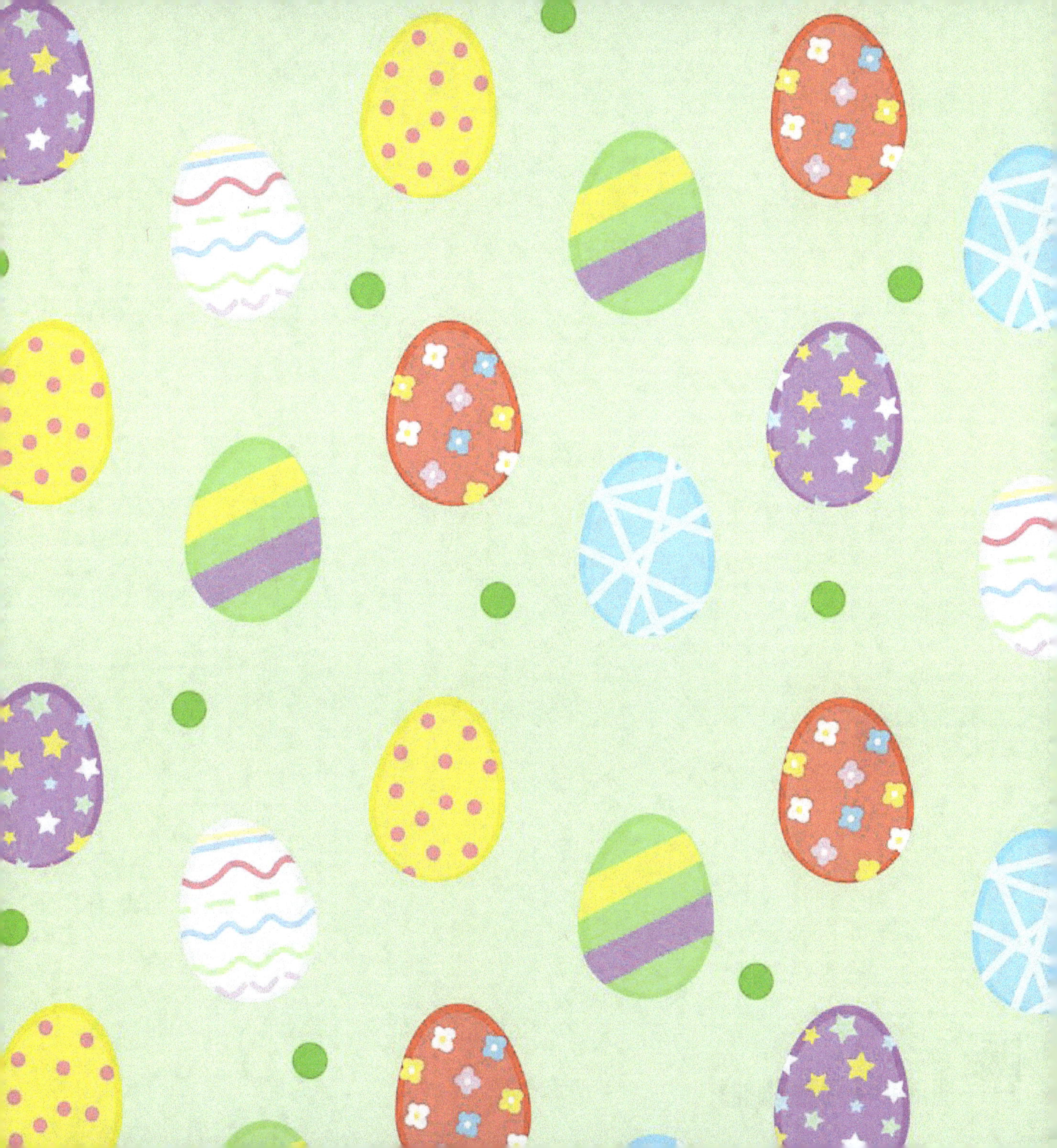